Impressum
Verlag: BABADADA GmbH, Nedderfeld 112 , 22529 Hamburg
Geschäftsführer / Verlagsleitung: Harald Hof
Druck: Books on Demand GmbH, In de Tarpen 42, 22848 Norderstedt

Imprint
Publisher: BABADADA GmbH, Nedderfeld 112 , 22529 Hamburg, Germany
Managing Director / Publishing direction: Harald Hof
Print: Books on Demand GmbH, In de Tarpen 42, 22848 Norderstedt

escola
el colegio

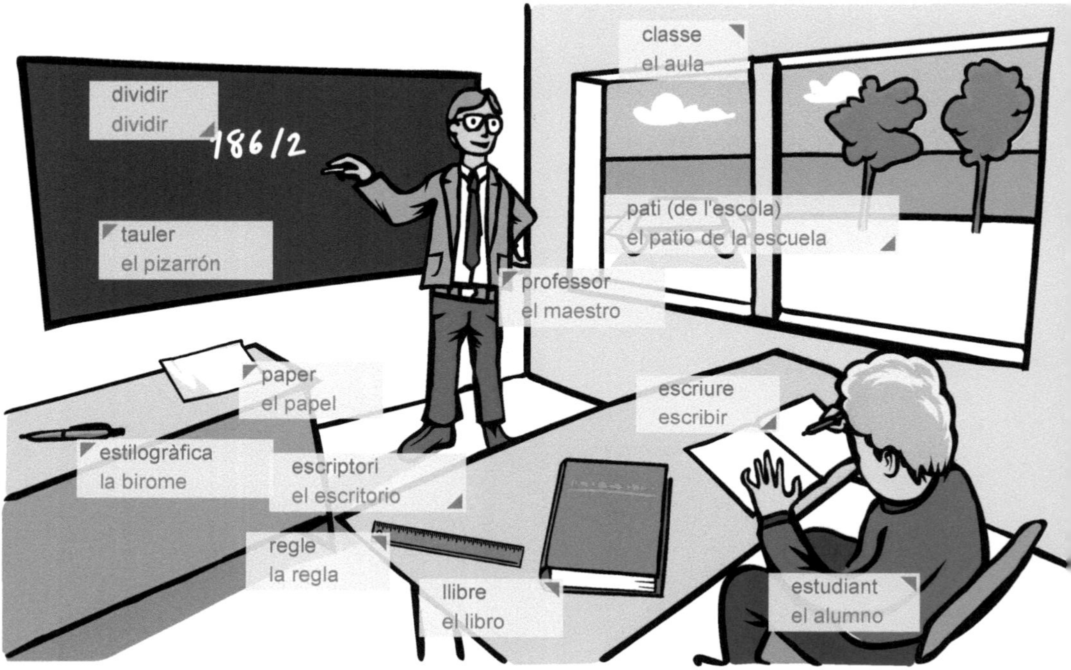
classe
el aula
dividir
dividir
186/2
tauler
el pizarrón
pati (de l'escola)
el patio de la escuela
professor
el maestro
paper
el papel
escriure
escribir
estilogràfica
la birome
escriptori
el escritorio
regle
la regla
llibre
el libro
estudiant
el alumno

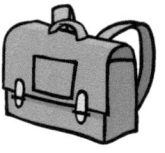

bossa

la mochila

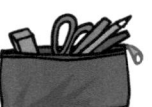

estoig

la caja de lápices

llapis

el lápiz

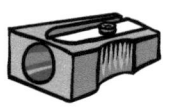

maquineta de fer punta

el sacapuntas

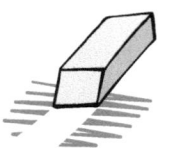

goma

la goma (de borrar)

bloc de dibuix

el bloc de dibujo

dibuix

el dibujo

pinzell

el pincel

capsa de pintures

la caja de pinturas

tisores

la tijera

cola

el pegamento

quadern d'exercicis

el cuaderno de ejercicios

deures

la tarea

nombre

el número

afegir

sumar

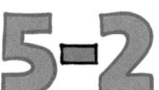

sostreure

restar

multiplicar

multiplicar

calcular

calcular

lletra

la letra

alfabet

el abecedario

mot

la palabra

text
....
el texto

llegir
....
leer

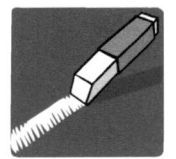

guix
....
la tiza

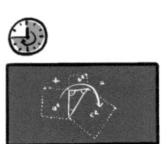

lliçó
....
la lección

llibre de classe
....
el cuaderno de clase

examen
....
el examen

certificat
....
el certificado

uniforme escolar
....
el uniforme escolar

formació
....
la educación

enciclopèdia
....
la enciclopedia

universitat
....
la universidad

microscopi
....
el microscopio

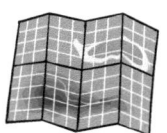

mapa
....
el mapa

paperera
....
el tacho (de basura)

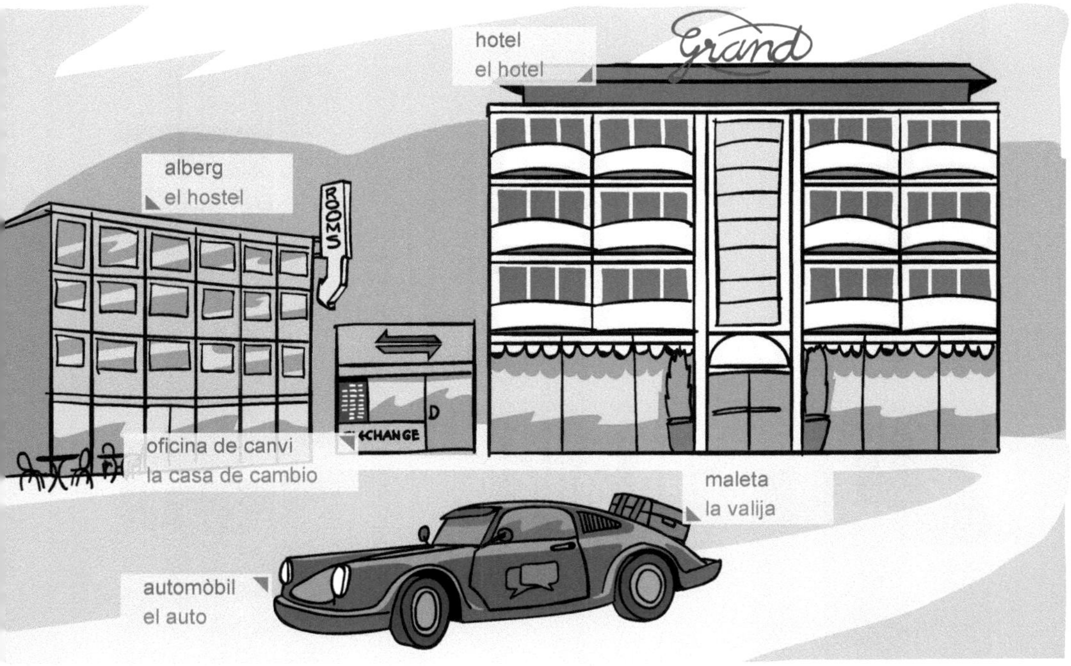

hotel
el hotel

alberg
el hostel

oficina de canvi
la casa de cambio

maleta
la valija

automòbil
el auto

llengua
el idioma

sí / no
sí / no

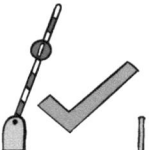

D'acord
Está bien

Ey!
hola

traductora
el traductor

gràcies
Gracias

Quant costa… ?

¿cuánto cuesta…?

No entenc

No entiendo

problema

el problema

Bona nit!

¡Buenas tardes!

bon dia!

¡Buenos días!

bona nit!

¡Buenas noches!

fins aviat

el adiós

direcció

la dirección

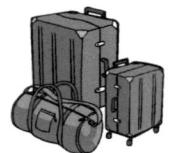

bagatge

el equipaje

bossa

el bolso

sarrona

la mochila

convidat

el invitado

cambra

la habitación

sac de dormir

la bolsa de dormir

tenda

la carpa

oficina de turisme

la información turística

platja

la playa

carta de crèdit

la tarjeta de crédito

esmorzar

el desayuno

dinar

el almuerzo

sopar

la cena

bitllet

el pasaje

ascensor

el ascensor

segell

el sello

frontera

la frontera

duana

la aduana

ambaixada

la embajada

visat

la visa

passaport

el pasaporte

transport
el transporte

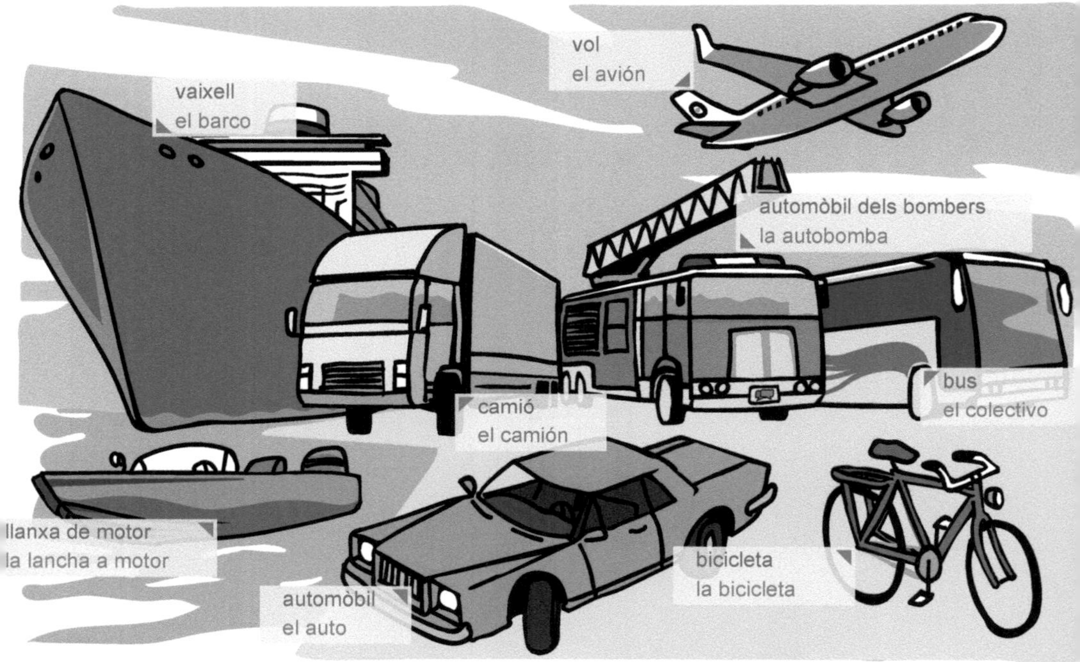
vol
el avión
vaixell
el barco
automòbil dels bombers
la autobomba
bus
el colectivo
camió
el camión
llanxa de motor
la lancha a motor
bicicleta
la bicicleta
automòbil
el auto

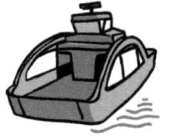

transbordador

el ferry

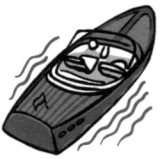

barca

el bote

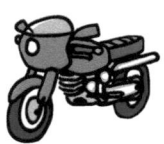

moto

la moto

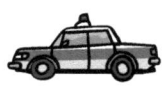

automòbil de policia

el patrullero

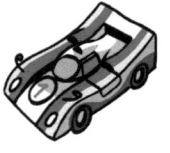

automòbil de curses

el auto de carreras

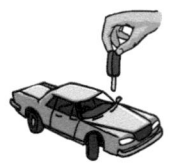

automòbil de lloguer

el auto de alquiler

vehicle compartit
el alquiler de autos

grua
la grúa

camió de les escombraries
el camión de la basura

motor
el motor

benzina
la nafta

benzineria
la estación de servicio

senyal de trànsit
la señal de tránsito

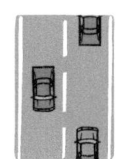

trànsit
el tránsito

embús
el embotellamiento

aparcament
el estacionamiento

estació de trens
la estación de tren

vies
las vías

tren
el tren

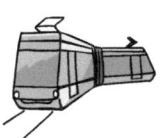

tramvia
el tranvía

vagó
el vagón

helicòpter

el helicóptero

aeroport

el aeropuerto

torre

la torre

passatger

el pasajero

contenidor

el contenedor

capsa de cartó

la caja de cartón

carretó

la carretilla

cistella

la canasta

enlairar-se / aterrar

despegar / aterrizar

ciutat
la ciudad

poble

el pueblo

centre de la ciutat

el centro de la ciudad

casa

la casa

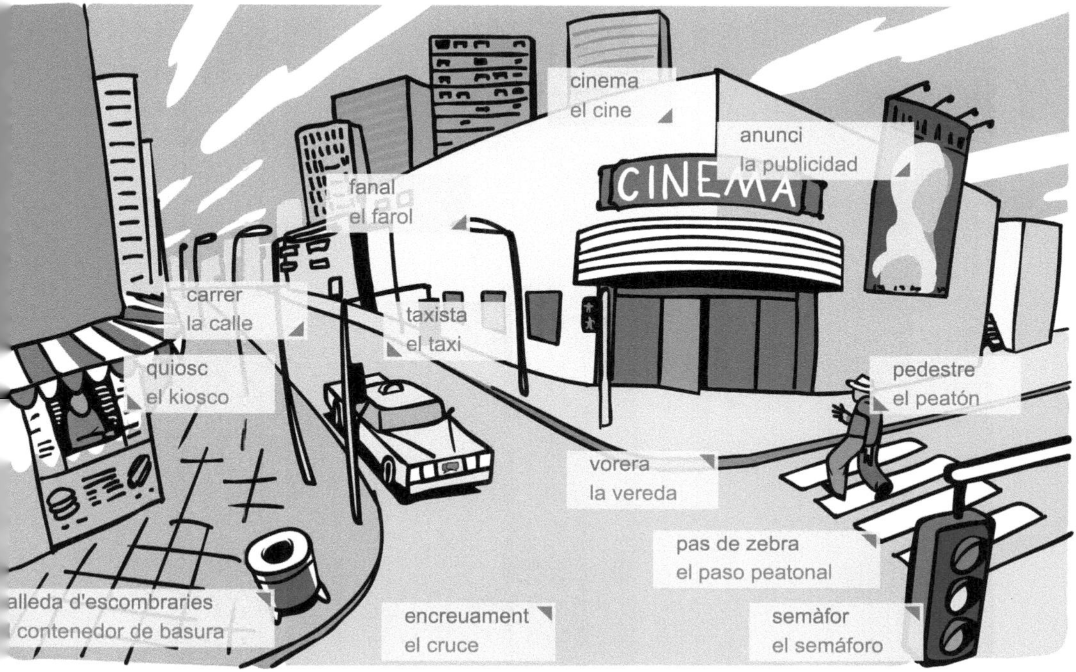

CINEMA
cinema
el cine
anunci
la publicidad
fanal
el farol
carrer
la calle
taxista
el taxi
quiosc
el kiosco
pedestre
el peatón
vorera
la vereda
pas de zebra
el paso peatonal
alleda d'escombraries
contenedor de basura
encreuament
el cruce
semàfor
el semáforo

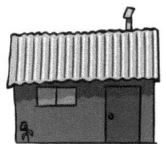

cabana

la cabaña

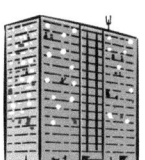

apartament

el departamento

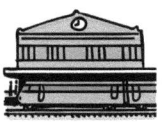

estació de trens

la estación de tren

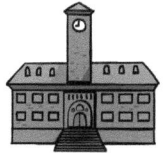

casa de la vila-ciutat

la municipalidad

MUSEUM

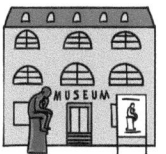

museu

el museo

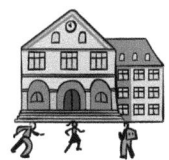

escola

el colegio

universitat

la universidad

banca

el banco

hospital

el hospital

hotel

el hotel

farmàcia

la farmacia

oficina

la oficina

llibreria

la librería

botiga

el negocio

floristeria

la florería

supermercat

el supermercado

mercat

el mercado

gran magatzem

las grandes tiendas

peixateria

la pescadería

centre comercial

el centro comercial

port

el puerto

parc

el parque

banc

el banco

pont

el puente

escala

las escaleras

metro

el subte

túnel

el túnel

parada d'autobús

la parada del colectivo

bar

el bar

restaurant

el restaurante

bústia de correu

el buzón

senyal indicador

el letrero

parquímetre

el parquímetro

zoo

el zoológico

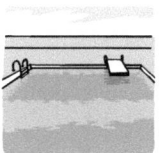

piscina

la pileta

mesquita

la mezquita

granja
la granja

pol·lució
la contaminación

cementiri
el cementerio

església
la iglesia

parc infantil
los juegos infantiles

temple
el templo

paisatge
el paisaje

fulla
la hoja

cartell indicador
el poste indicador

camí
el camino

prat
la pradera

pedra
la piedra

arbre
el árbol

excursionista
el excursionista

riu
el río

gespa
la hierba

flor
la flor

vall
....
el valle

muntanya
....
la montaña

llac
....
el lago

bosc
....
el bosque

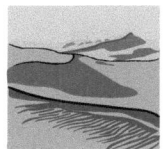

desert
....
el desierto

volcà
....
el volcán

castell
....
el castillo

arc de Sant Martí
....
el arco iris

bolet
....
el champiñón

palmera
....
la palmera

moscard
....
el mosquito

mosca
....
la mosca

formiga
....
la hormiga

abella
....
la abeja

aranya
....
la araña

escarabat

el escarabajo

granota

la rana

esquirol

la ardilla

eriçó

el erizo

llebre

la liebre

òliba

la lechuza

ocell

el pájaro

cigne

el cisne

senglar

el jabalí

cervo

el ciervo

ant

el alce

presa

la presa

turbina

el aerogenerador

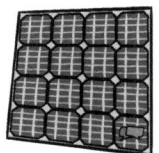

panell solar

el panel solar

clima

el clima

restaurant
el restaurante

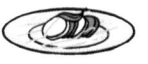

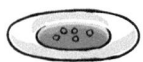

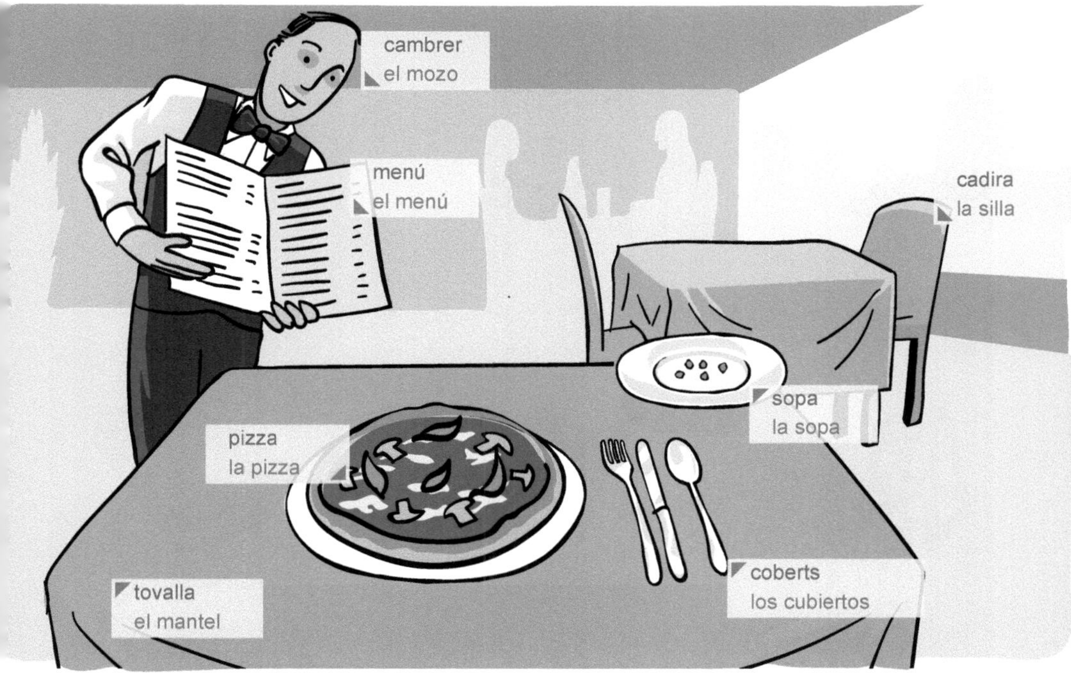

cambrer
el mozo
menú
el menú
cadira
la silla
sopa
la sopa
pizza
la pizza
tovalla
el mantel
coberts
los cubiertos

primer plat

la entrada

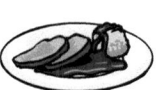

plat principal

el plato principal

darreries

el postre

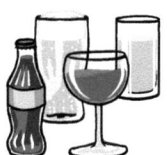

begudes

las bebidas

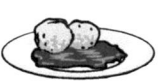

menjar

la comida

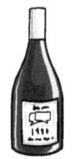

ampolla

la botella

menjar ràpid

la comida rápida

menjar de carrer

la comida callejera

tetera

la tetera

sucrer

la azucarera

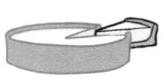

porció

la porción

màquina d'espresso

la cafetera expreso

trona

la sillita alta

factura

la cuenta

plata

la bandeja

ganivet

el cuchillo

forqueta

el tenedor

cullera

la cuchara

cullereta

la cucharita

tovalló

la servilleta

got

el vaso

restaurant - el restaurante

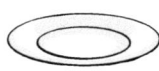

plat
....
el plato

plat de sopa
....
el plato hondo

plateret
....
el plato

salsa
....
la salsa

saler
....
el salero

molinet de pebre
....
el molinillo de pimienta

vinagre
....
el vinagre

oli
....
el aceite

espècies
....
las especias

quètxup
....
el kétchup

mostassa
....
la mostaza

maionesa
....
la mayonesa

oferta especial
la oferta especial

client
el cliente

productes lactis
los lácteos

carret de la compra
el changuito

fruites
la fruta

FOR

carnisseria	forn de pa	pesar
la carnicería	la panadería	pesar

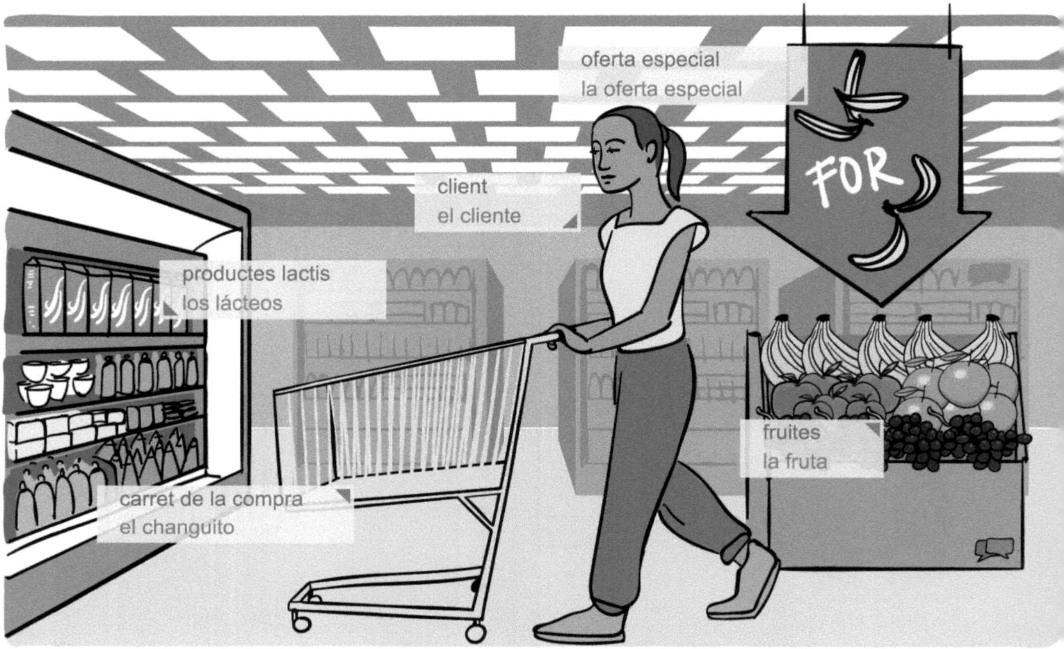

carnisseria
la carnicería

forn de pa
la panadería

pesar
pesar

verdures
las verduras

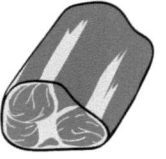
carn
la carne

menjar congelat
los alimentos congelados

carn freda

los fiambres

conserves

los alimentos enlatados

detergent en pols

el detergente en polvo

dolços

las golosinas

articles domèstics

los electrodomésticos

productes de neteja

los productos de limpieza

venedora

la vendedora

caixa registradora

la caja

caixera

el cajero

llista de la compra

la lista de compras

horari d'obertura

el horario de atención

portamonedes

la billetera

carta de crèdit

la tarjeta de crédito

bossa

la cartera

bossa de plàstic

la bolsa de plástico

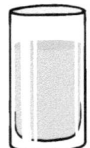

aigua

el agua

suc

el jugo

llet

la leche

coca-cola

la bebida cola

vi

el vino

cervesa

la cerveza

alcohol

el alcohol

cacau

el cacao

te

el té

cafè

el café

espresso

el café expreso

cappuccino

el cappuccino

banana

la banana

poma

la manzana

taronja

la naranja

síndria

el melón

llimona

el limón

pastanaga

la zanahoria

all

el ajo

bambú

el bambú

ceba

la cebolla

bolet

el champiñón

avellanes

las nueces

fideus

los fideos

espaguetis

los tallarines

arròs

el arroz

amanida

la ensalada

patates fregides

las papas fritas

patates fregides

las papas fritas

pizza

la pizza

hamburguesa

la hamburguesa

entrepà

el sándwich

escalopa

el churrasco

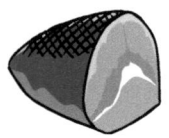

cuixot

el jamón

salami

el salame

salsitxa

la salchicha

pollastre

el pollo

rostit

el asado

peix

el pescado

flocs de civada

los copos de avena

musli

el muesli

cereals

los copos de maíz

farina

la harina

croissant

la medialuna

panet

el pancito

pa

el pan

torrada

la tostada

bescuits

las galletitas

mantega

la manteca

mató

la cuajada

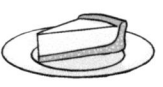

pastís

la torta

ou

el huevo

ou fregit

el huevo frito

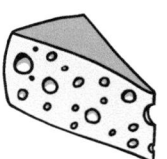

formatge

el queso

gelat

el helado

sucre

el azúcar

mel

la miel

melmelada

la mermelada

crema de xocolata

la pasta de chocolate

curri

el curry

granja
la granja

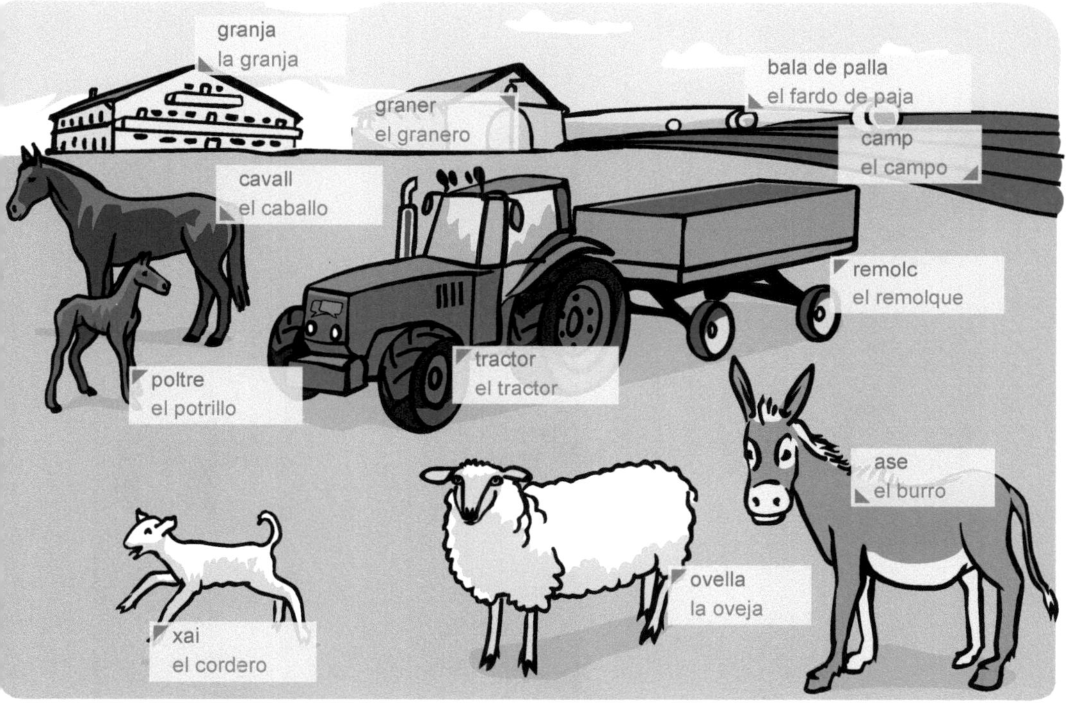
granja
la granja
graner
el granero
bala de palla
el fardo de paja
camp
el campo
cavall
el caballo
remolc
el remolque
tractor
el tractor
poltre
el potrillo
ase
el burro
ovella
la oveja
xai
el cordero

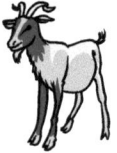

cabra

la cabra

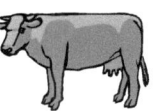

vaca

la vaca

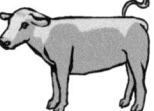

vedella

el ternero

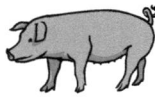

porc

el cerdo

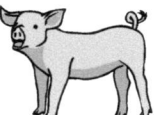

garrí

el lechón

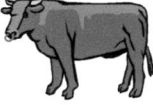

bou

el toro

oca	ànec	poll
el ganso	el pato	el pollo

gall	gallina	rata
la gallina	el gallo	la rata

gat	ratolí	bou
el gato	el ratón	el buey

gos	gossera	mànega de regar
el perro	la cucha	la manguera

regadora	dalla	arada
la regadera	la guadaña	el arado

falç
la hoz

aixada
la azada

forca
la horquilla

destral
el hacha

carretó
la carretilla

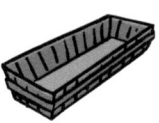

abeurador
el abrevadero

lletera
la lechera

sac
la bolsa

tanca
la reja

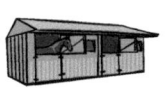

establa
el establo

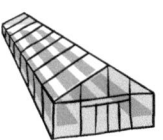

hivernacle
el invernadero

sòl
el suelo

llavor
la semilla

adob
el fertilizador

collidora
la cosechadora

collir
cosechar

collita
la cosecha

nyam
las batatas

blat
el trigo

soja
la soja

patata
la papa

blat de moro o d'indi
el maíz

colza
la semilla de colza

arbre fruiter
el árbol frutal

mandioca
la mandioca

cereals
los cereales

casa
la casa

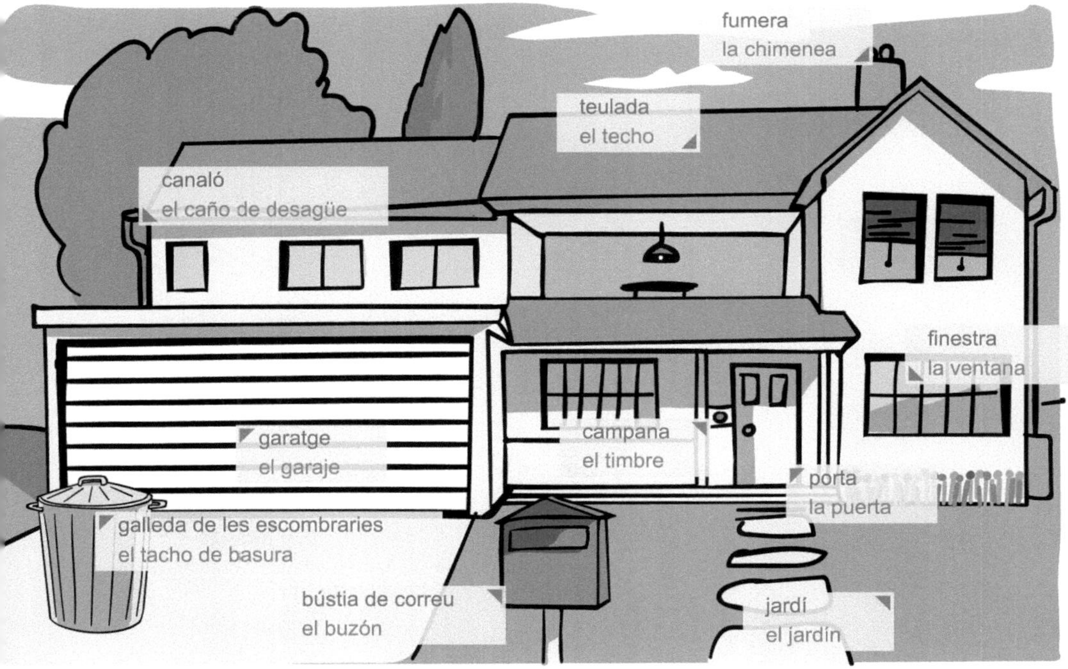

fumera
la chimenea
teulada
el techo
canaló
el caño de desagüe
finestra
la ventana
garatge
el garaje
campana
el timbre
porta
la puerta
galleda de les escombraries
el tacho de basura
bústia de correu
el buzón
jardí
el jardín

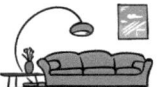

sala d'estar

el living

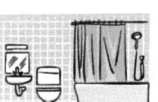

bany

el baño

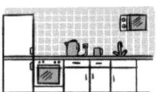

cuina

la cocina

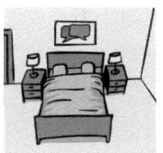

cambra de dormir

el dormitorio

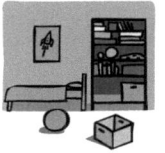

cambra de nen

el cuarto de los chicos

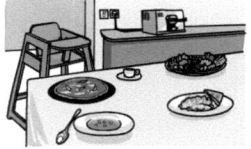

menjador

el comedor

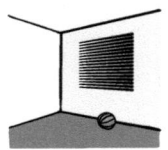

sòl
el piso

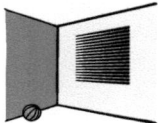

paret
la pared

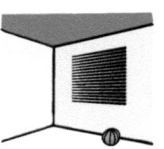

sostre
el cielorraso

soterrani
el sótano

sauna
el sauna

balcó
el balcón

terrassa
la terraza

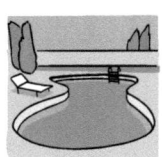

piscina
la pileta

tallagespa
la cortadora de pasto

vànova
la sábana

cobrellit
el acolchado

llit
la cama

escombra
la escoba

galleda
el balde

interruptor
el interruptor

sala d'estar

el living

paper de paret
el empapelado
quadre
la imagen
làmpada
la lámpara
prestatge
el estante
armari
el armario
televisor
la televisión
escalfapanxes
la chimenea
flor
la flor
coixí
el almohadón
sofà
el sofá
gerro
el florero
telecomanda
el control remoto

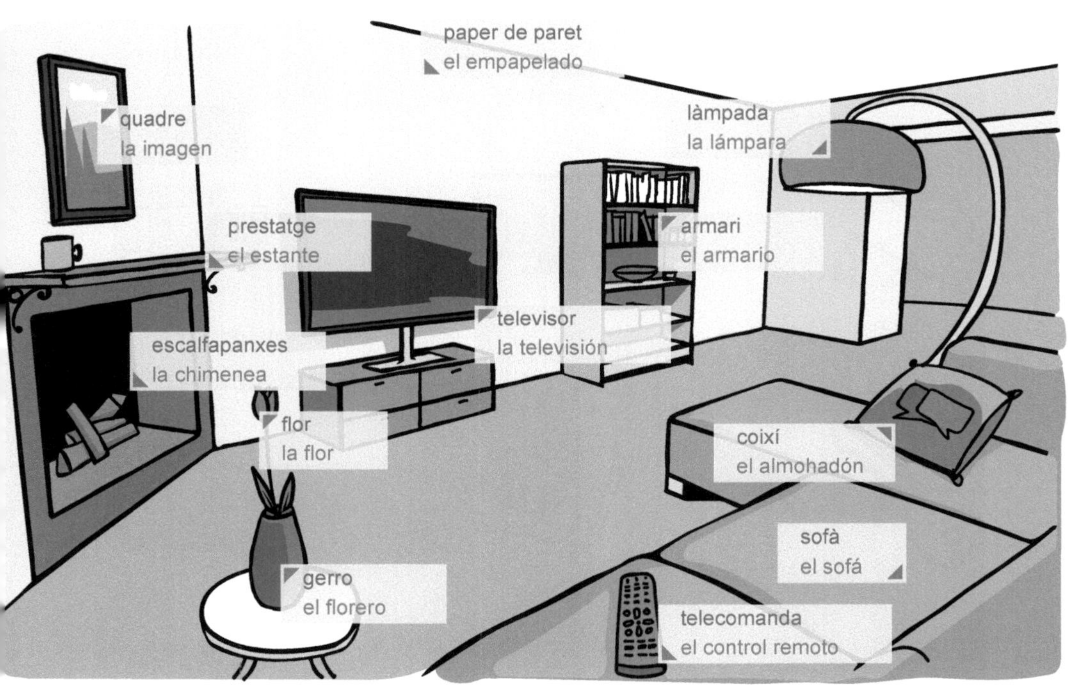

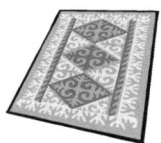

catifa

la alfombra

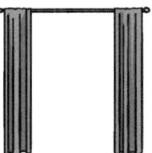

cortina

la cortina

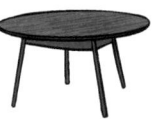

taula

la mesa

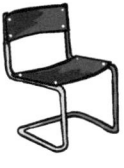

cadira

la silla

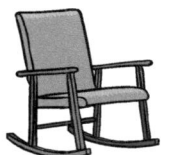

cadira gronxadora

la mecedora

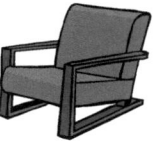

cadiral

el sillón

llibre

el libro

llençol

la frazada

decoració

la decoración

llenya

la leña

film

la película

cadena de música

el equipo de música

clau

la llave

diari

el diario

pintura

la pintura

cartell

el póster

ràdio

la radio

bloc de notes

el cuaderno

aspiradora

la aspiradora

cactus

el cactus

candela

la vela

cuina
la cocina

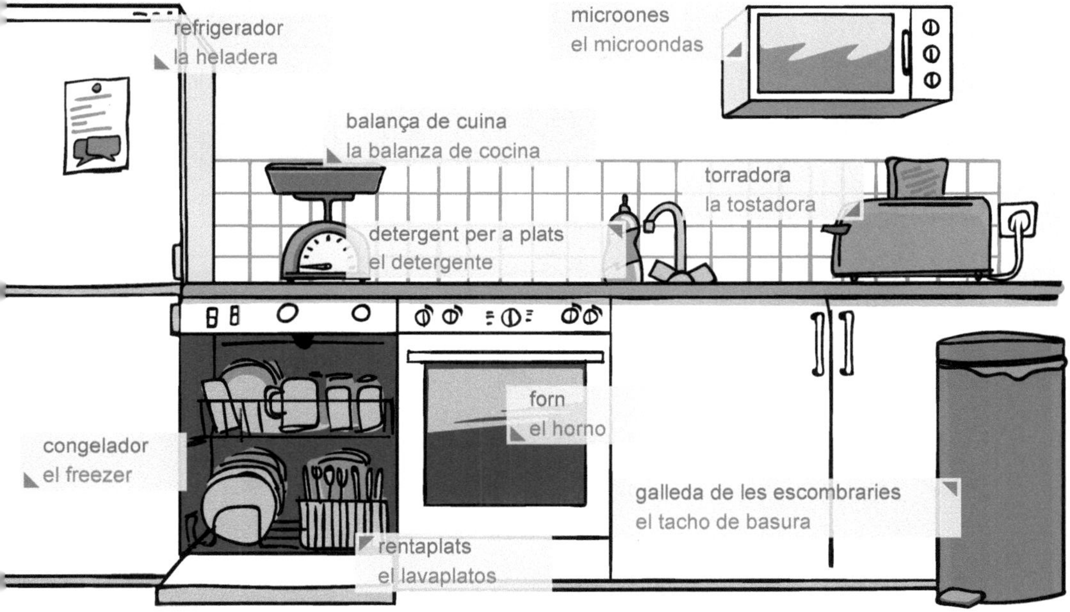

refrigerador
la heladera
microones
el microondas
balança de cuina
la balanza de cocina
torradora
la tostadora
detergent per a plats
el detergente
forn
el horno
congelador
el freezer
galleda de les escombraries
el tacho de basura
rentaplats
el lavaplatos

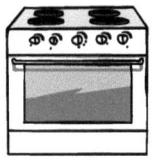

cuina de fogons

la cocina

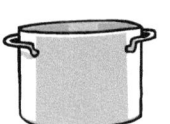

olla

la olla

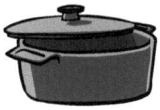

olla de ferro colat

la olla de hierro fundido

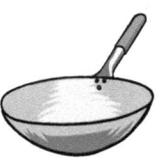

wok / karahi

el wok

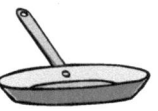

paella

la sartén

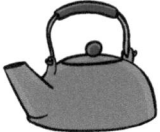

bullidor

la pava

olla de vapor

la vaporera

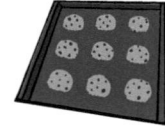

plata de forn

la bandeja de horno

vaixella

la vajilla

tassa grossa

la taza

bol

el bol

bastonets xinesos

los palitos

culler

el cucharón

espàtula

la espátula

batedor

la batidora

colador

el colador

sedàs

el colador

ratllador

el rallador

morter

el mortero

barbacoa

la parrilla

foc a terra

la fogata

taula de tallar

la tabla de picar

corró

el palo de amasar

llevataps

el sacacorchos

pot de conserva

la lata

obridor

el abrelatas

agafador

la manopla

aigüera

la pileta

raspall

el cepillo

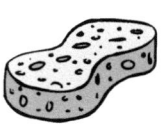

esponja

la esponja

batedora

la batidora

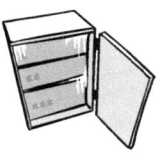

congelador

el congelador

biberó

la mamadera

aixeta

la canilla

bany

el baño

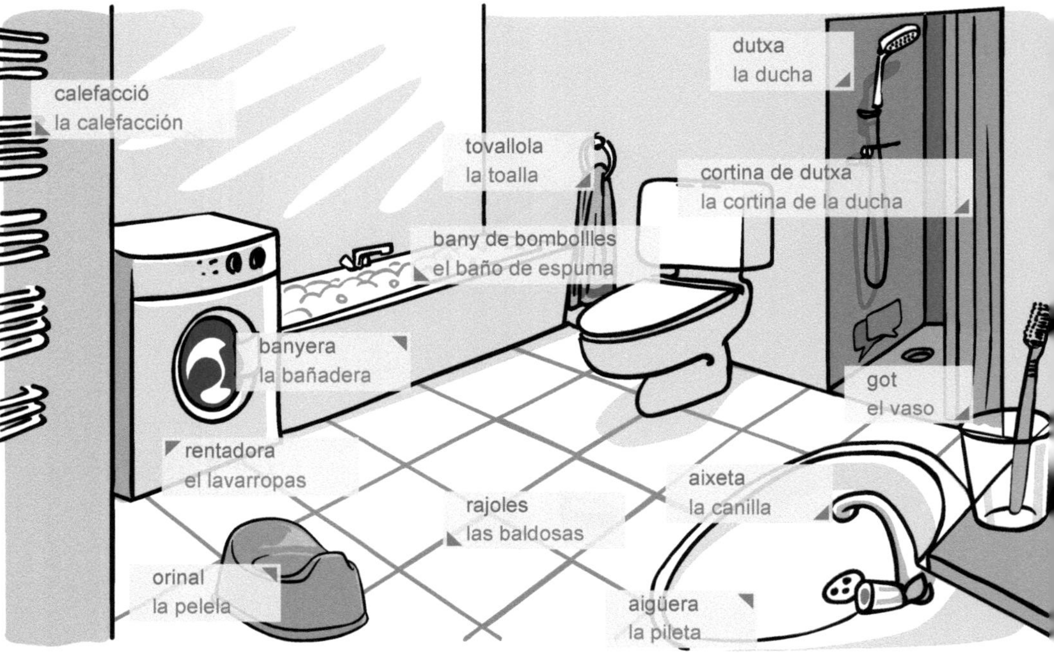

calefacció
la calefacción
dutxa
la ducha
tovallola
la toalla
cortina de dutxa
la cortina de la ducha
bany de bombolles
el baño de espuma
banyera
la bañadera
got
el vaso
rentadora
el lavarropas
aixeta
la canilla
rajoles
las baldosas
orinal
la pelela
aigüera
la pileta

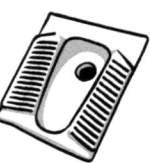

lavabo

el inodoro

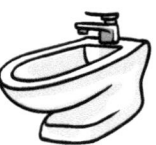

lavabo turc

la letrina

bidet

el bidé

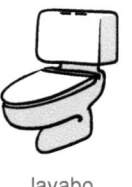

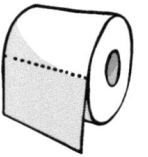

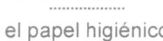

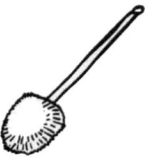

orinador

el mingitorio

paper higiènic

el papel higiénico

escombreta de sanitari

el cepillo para el inodoro

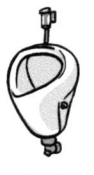

raspall de dents

el cepillo de dientes

pasta de dents

el dentífrico

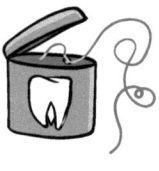

fil dental

el hilo dental

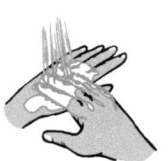

rentar

lavar

pom de dutxa

la ducha de mano

dutxa íntima

la ducha higiénica

rentamans

la palangana

raspall per a l'esquena

el cepillo para la espalda

sabó

el jabón

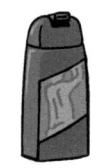

gel de dutxa

el gel de ducha

xampú

el shampoo

manyopla de bany

la toallita

bonera

el desagüe

crema

la crema

desodorant

el desodorante

mirall

el espejo

mirall-espill de mà

el espejito

maquineta de rasar

la maquinita de afeitar

espuma de barbejar

la espuma de afeitar

loció post-rasada

el aftershave

pinta

el peine

raspall

el cepillo

eixugador

el secador de pelo

laca

el spray

maquillatge

el maquillaje

pintallavis

el lápiz de labios

esmalt d'ungles

el esmalte para uñas

cotó

el algodón

tallaungles

la tijera para uñas

perfum

el perfume

estoig de bellesa

el portacosméticos

tamboret

la banqueta

bàscula

la balanza

barnús

la bata

guants de goma

los guantes de goma

compresa higiènica

el tampón

compresa

la toallita femenina

sanitari químic

el baño químico

cambra de nen
el cuarto de los chicos

despertador
el despertador
animal de peluix
el peluche
auto de joguina
el coche de juguete
sonall
el sonajero
casa de nines
la casa de muñecas
present
el regalo

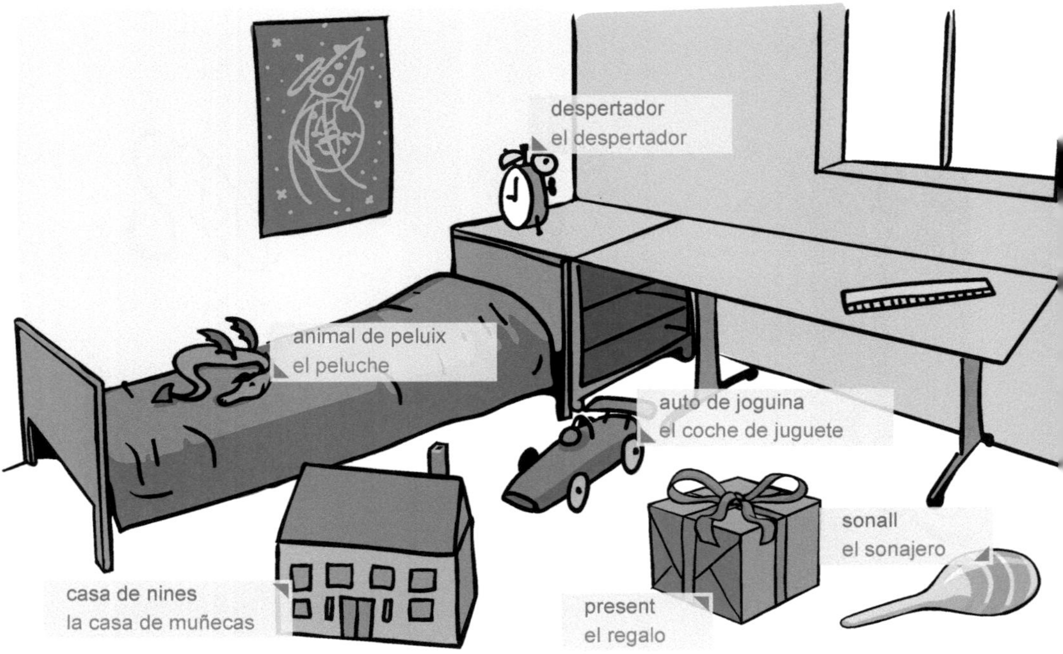

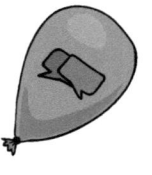

baló

el globo

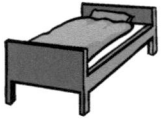

llit

la cama

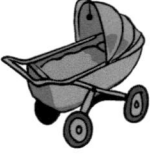

cotxet per a nens

el cochecito

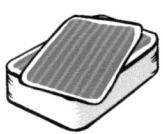

joc de cartes

las cartas

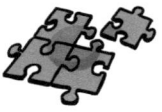

trencaclosca

el rompecabezas

SUPER MEGA

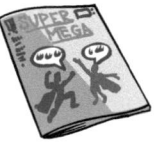

historieta

la historieta

peces de lego

las piezas de lego

peces de construcció

los ladrillos de juguete

ninot d'acció

la figura de acción

granota

el enterito (de bebé)

frisbee

el frisbee

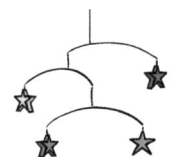

mòbil per a bressol

el móvil para bebés

joc de taula

el juego de mesa

daus

los dados

tren elèctric

el tren eléctrico

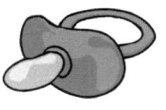

xumet

el chupete

festa

la fiesta

llibre de dibuixos

el libro de cuentos ilustrado

pilota

la pelota

nina

la muñeca

jugar

jugar

sorrera

el arenero

gronxador

la hamaca

joguines

los juguetes

consola de jocs de vídeo

la consola de videojuegos

tricicle

el triciclo

osset de peluix

el osito de peluche

armari

el armario

roba

la ropa

mitjons

las medias

mitges

las medias panty

mitja pantaló

las calzas

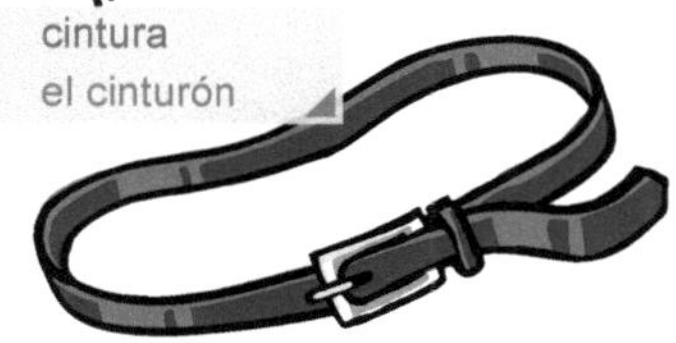

tapacoll
la bufanda

paraigua
el paraguas

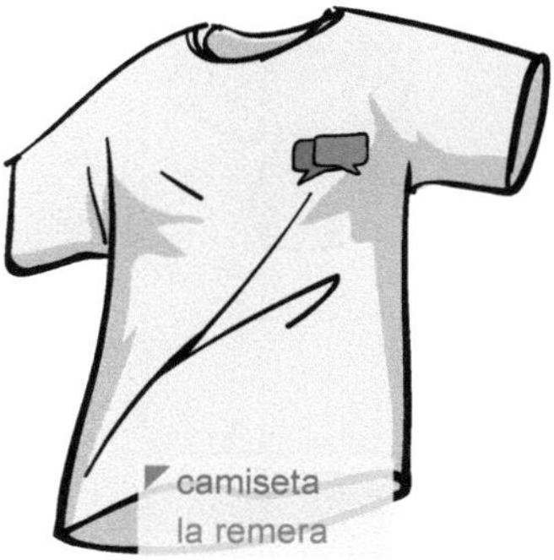

cintura
el cinturón

camiseta
la remera

botes
las botas

plantofes
las pantuflas

sabates d'esport
las zapatillas

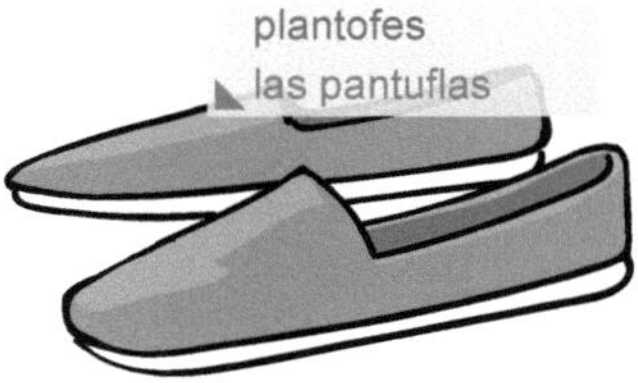

sandàlies
....
las sandalias

sabates
....
los zapatos

botes de goma
....
las botas de goma

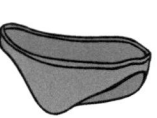

calçonets
....
la ropa interior

sostenidor
....
el corpiño

guardapits
....
el chaleco

jjustacòs

el body

pantalons

los pantalones

jeans

los jeans

faldeta

la pollera

brusa

la blusa

camisa

la camisa

jersei

el pulóver

dessuadora

el buzo

blazer

el blazer

jaqueta

la campera

mantell

el tapado

impermeable

el piloto

vestit de dona

el traje

vestit de dona

el vestido

vestit de núvia

el vestido de novia

vestit d'home

el traje

camisa de dormir

el camisón

pijama

el pijama

sari

el sari

mocador de cap

el pañuelo para la cabeza

turbant

el turbante

burca

la burka

caftan

el caftán

abaia

la abaya

vestit de bany

el traje de baño

calçon(et)s de bany

el short de baño

pantalons curts

los shorts

xandall

el jogging

davantal

el delantal

guants

los guantes

botó

el botón

ulleres

los anteojos

braçalet

la pulsera

collaret

el collar

anell

el anillo

orellera

el aro

casquet

la gorra

penjador

la percha

capell

el sombrero

corbata

la corbata

cremallera

el cierre

casc

el casco

elàstics

los tiradores

uniforme escolar

el uniforme escolar

uniforme

el uniforme

pitet
....
el babero

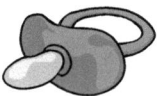

xumet
....
el chupete

bolquer
....
el pañal

oficina

la oficina

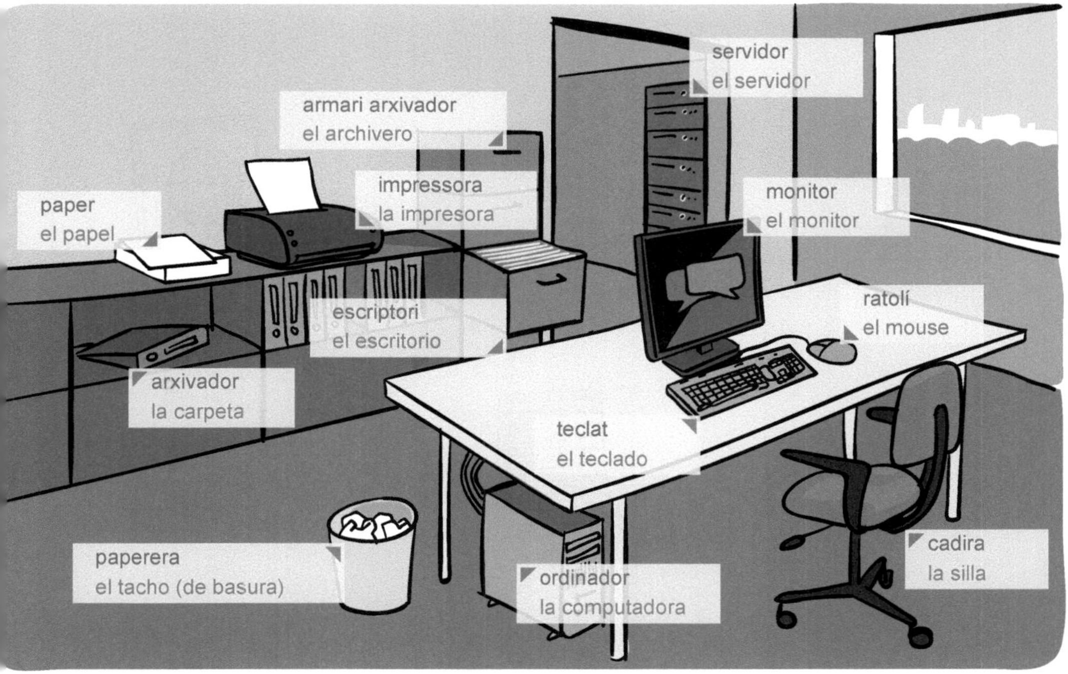

servidor
el servidor

armari arxivador
el archivero

impressora
la impresora

monitor
el monitor

paper
el papel

escriptori
el escritorio

ratolí
el mouse

arxivador
la carpeta

teclat
el teclado

cadira
la silla

paperera
el tacho (de basura)

ordinador
la computadora

tassa de cafè
....
la taza de café

calculadora
....
la calculadora

Internet
....
el internet

ordinador portàtil

la laptop

lletra

la carta

missatge

el mensaje

mòbil

el celular

xarxa

la red

fotocopiadora

la fotocopiadora

programari

el software

telèfon

el teléfono

presa de corrent

el tomacorriente

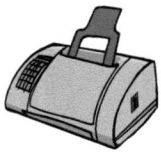

fax

el fax

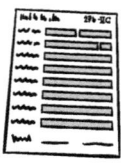

formulari

el formulario

document

el documento

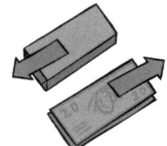

comprar

comprar

pagar

pagar

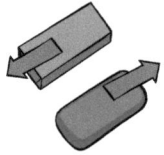

comerciar

hacer negocios

diners

el dinero

dòlar

el dólar

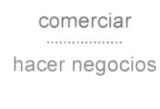

euro

el euro

ien

el yen

ruble

el rublo

franc suís

el franco suizo

renminbi

el yuan

rupia

la rupia

caixa automàtica

el cajero automático

oficina de canvi

la casa de cambio

or

el oro

argent

la plata

petroli

el petróleo

energia

la energía

preu

el precio

contracte

el contrato

impost

el impuesto

acció

la acción

  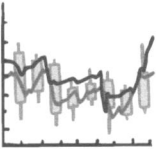

treballar

trabajar

treballador

el empleado

empresari

el empleador

fàbrica

la fábrica

botiga

el negocio

bomber
el bombero

oficial de policia
el policía

cuiner
el cocinero

doctora
el médico

pilot
el piloto

jardiner

el jardinero

fuster

el carpintero

costurera

la modista

jutge

el juez

química

el farmacéutico

actor

el actor

conductor d'autobús

el colectivero

taxista

el taxista

pescador

el pescador

dona de la neteja

la mucama

ensostrador

el techista

cambrer

el mozo

caçador

el cazador

pintor

el pintor

forner

el panadero

electricista

el electricista

obrer de la construcció

el albañil

enginyer

el ingeniero

carnisser

el carnicero

llanterner

el plomero

correu

el cartero

soldat

el soldado

arquitecte

el arquitecto

caixera

el cajero

florista

el florista

perruquer

el peluquero

revisor

el cobrador

mecànic

el mecánico

capità

el capitán

dentista

el dentista

científic

el científico

rabí

el rabino

imam

el imán

monjo

el monje

capellà

el sacerdote

eines
las herramientas

martell
el martillo
tenalles
la tenaza
descaragolador
el destornillador
clau anglesa
la llave
llanterna
la linterna

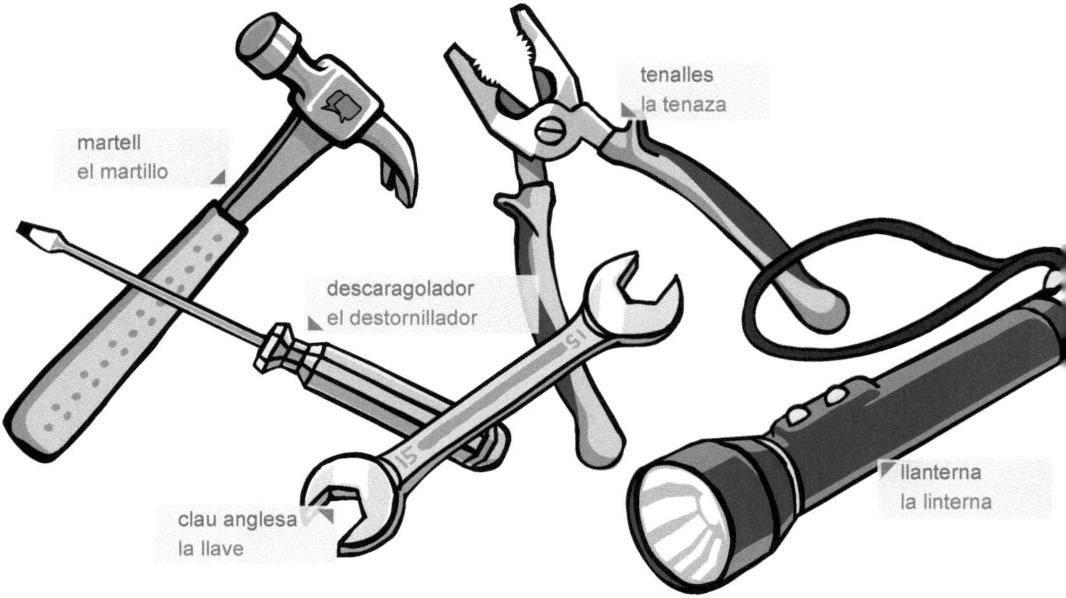

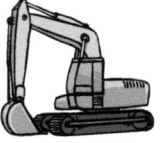

excavadora

la excavadora

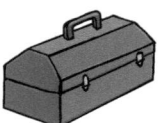

caixa d'eines

la caja de herramientas

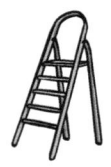

escala

la escalera portátil

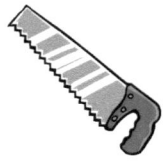

serra

la sierra

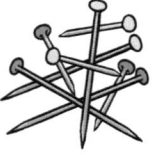

claus

los clavos

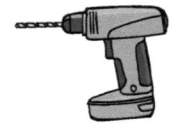

trepant

el taladro

reparar
arreglar

pala
la pala de jardín

Maleït siga!
¡Qué bronca!

pala
la pala de plástico

pot de pintura
el tacho de pintura

caragols
los tornillos

instrument de música
los instrumentos musicales

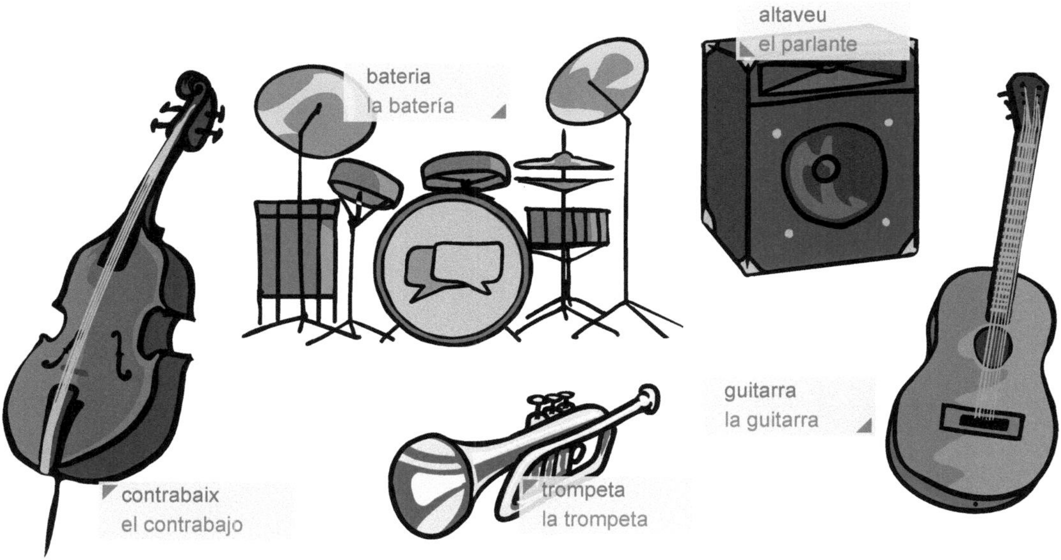

bateria
la batería

altaveu
el parlante

guitarra
la guitarra

contrabaix
el contrabajo

trompeta
la trompeta

piano

el piano

violí

el violín

baix

el bajo

timbal

los timbales

tambor

el tambor

teclat

el teclado

saxofon

el saxofón

flauta

la flauta

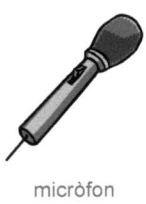

micròfon

el micrófono

tigre
el tigre

entrada
la entrada

gàbia
la jaula

zebra
la cebra

aliment per a animals
el alimento para animales

ós panda
el oso panda

animals
los animales

elefant
el elefante

cangurú
el canguro

rinoceront
el rinoceronte

goril·la
el gorila

ós
el oso

camell

el camello

estruç

el avestruz

lleó

el león

simi

el mono

flamenc

el flamenco

papagai

el loro

ós polar

el oso polar

pingüí

el pingüino

ca mari

el tiburón

paó

el pavo real

serp

la serpiente

cocodril

el cocodrilo

guardià del zoo

el cuidador del zoológico

foca

la foca

jaguar

el jaguar

poni

el poni

lleopard

el leopardo

hipopòtam

el hipopótamo

girafa

la jirafa

àliga

el águila

senglar

el jabalí

peix

el pescado

tortuga

la tortuga

morsa

la morsa

guineu

el zorro

gasela

la gacela

zoo - el zoológico

futbol americà
el fútbol americano

ciclisme
el ciclismo

tenis
el tenis

bàsquet
el básquet

natació
la natación

boxa
el boxeo

hoquei sobre gel
el hockey sobre hielo

futbol americà
el fútbol

bàdminton
el bádminton

atletisme
el atletismo

handbol
el handball

esquí
el esquí

polo
el polo

riure
reír

saltar
saltar

abraçar
abrazar

anar
caminar

cantar
cantar

somiar
soñar

pregar
rezar

fer un petó
besar

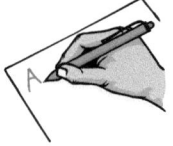

escriure
escribir

dibuixar
dibujar

mostrar
mostrar

pitjar
presionar

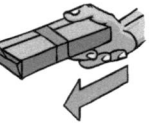

donar
dar

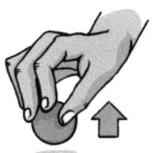

prendre
tomar

tenir

tener

fer

hacer

ésser

ser

estar dret

estar parado

córrer

correr

estirar

tirar

llançar

tirar

caure

caer

jeure

estar acostado

esperar

esperar

portar

llevar

asseure's

estar sentado

vestir-se

vestirse

dormir

dormir

despertar-se

despertar

mirar
mirar

plorar
llorar

amoixar
acariciar

pentinar
peinar

parlar
hablar

comprendre
entender

demanar
preguntar

escoltar
escuchar

beure
beber

menjar
comer

endreçar
ordenar

estimar
amar

cuinar
cocinar

conduir
manejar

volar
volar

navegar

navegar

calcular

calcular

llegir

leer

aprendre

aprender

treballar

trabajar

casar-se

casarse

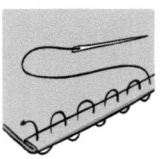

cosir

coser

raspallar-se les dents

cepillarse los dientes

matar

matar

fumar

fumar

enviar

enviar

àvia
la abuela

avi
el abuelo

pare
el padre

mare
la madre

nadó
el bebé

filla
la hija

fill
el hijo

convidat

el invitado

tia

la tía

oncle

el tío

germà

el hermano

germana

la hermana

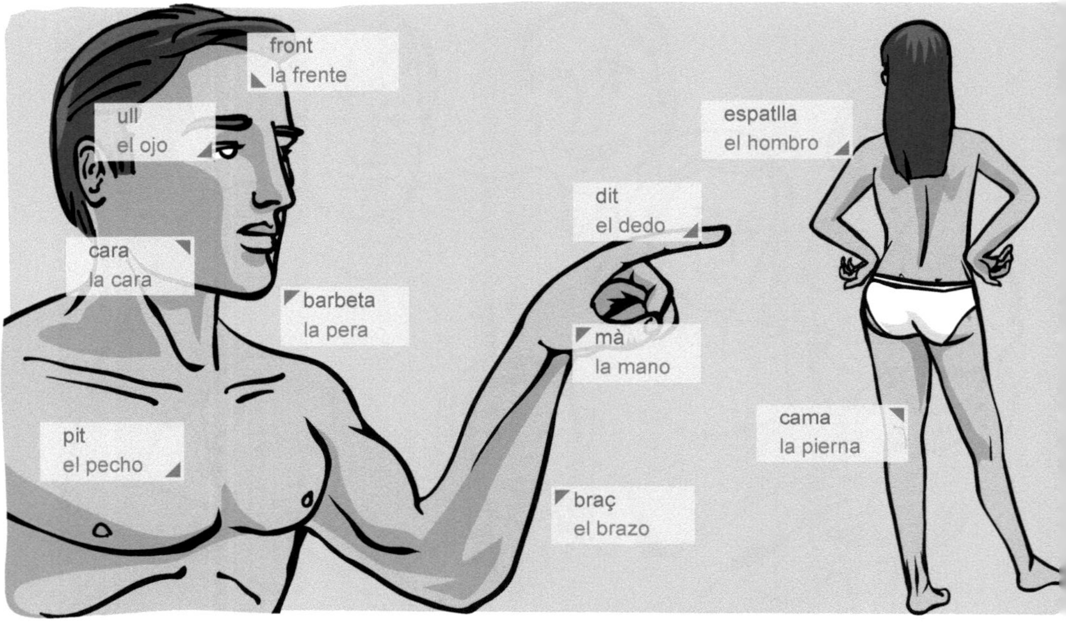

front
la frente

ull
el ojo

espatlla
el hombro

dit
el dedo

cara
la cara

barbeta
la pera

mà
la mano

pit
el pecho

cama
la pierna

braç
el brazo

nadó

el bebé

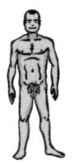

home

el hombre

dona

la mujer

noia

la nena

noi

el nene

cap

la cabeza

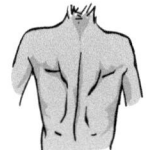

esquena

la espalda

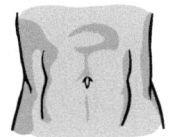

panxa

la panza

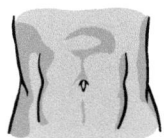

melic

el ombligo

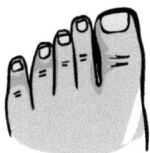

dit gros del peu

el dedo del pie

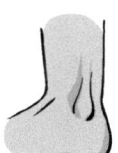

taló

el talón

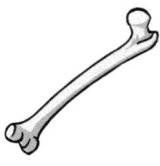

os

el hueso

maluc

la cadera

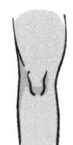

genoll

la rodilla

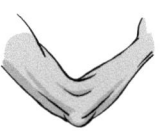

colze

el codo

nas

la nariz

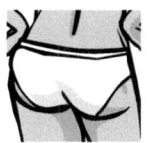

cul

la cola

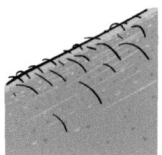

pell

la piel

galta

el cachete

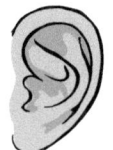

orella

la oreja

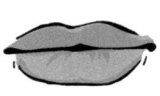

llavi

el labio

cos - el cuerpo

boca

la boca

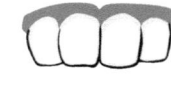

dent

el diente

llengua

la lengua

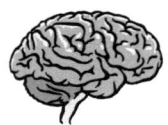

cervell

el cerebro

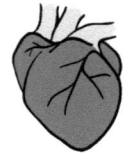

cor

el corazón

múscul

el músculo

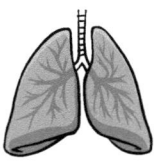

pulmó

el pulmón

fetge

el hígado

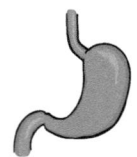

estómac

el estómago

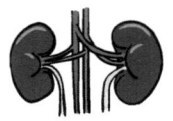

ronyó

los riñones

relació sexual

el sexo

preservatiu

el preservativo

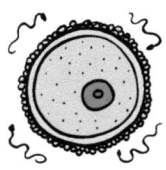

ovari

el óvulo

semen

el semen

prenyat

el embarazo

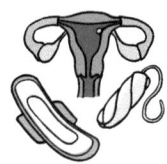

menstruació
la menstruación

vagina
la vagina

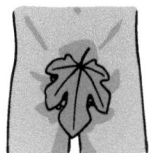

penis
el pene

cella
la ceja

cabells
el pelo

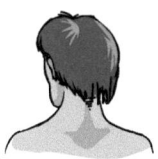

coll
el cuello

hospital
el hospital

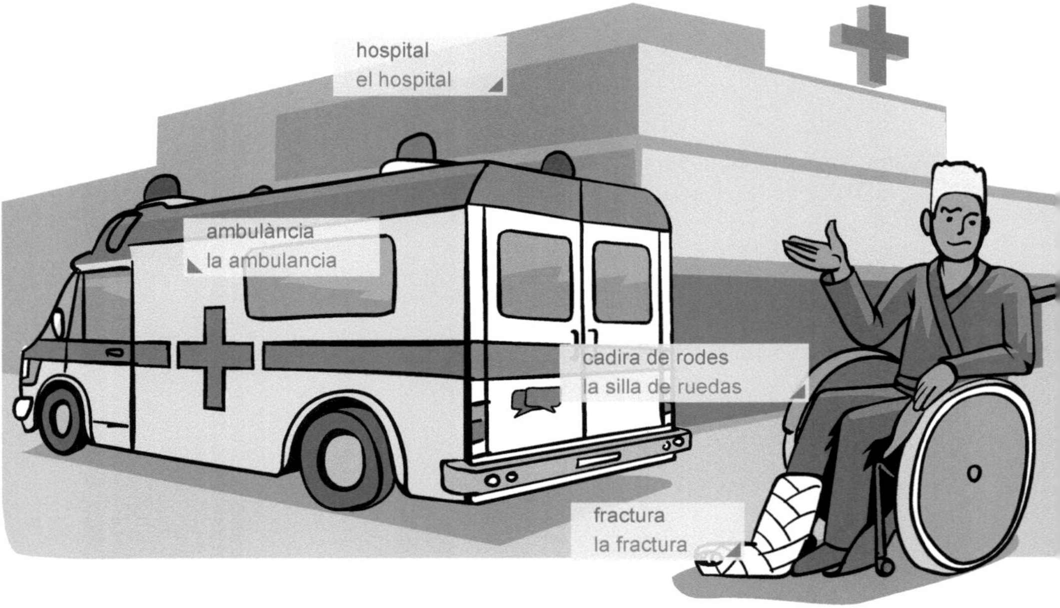

hospital
el hospital
ambulància
la ambulancia
cadira de rodes
la silla de ruedas
fractura
la fractura

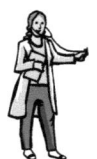

doctora
el médico

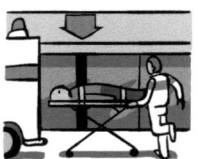

sala d'urgències
la sala de guardia

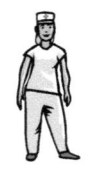

infermera
la enfermera

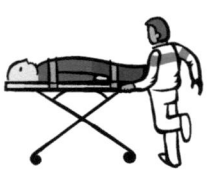

urgència
la emergencia

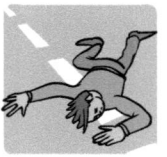

inconscient
inconsciente

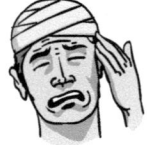

dolor
el dolor

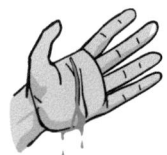

ferida

la lesión

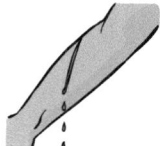

sagnament

la hemorragia

atac de cor

el infarto

apoplexia

el ACV

al·lèrgia

la alergia

tos

la tos

febre

la fiebre

gripa

la gripe

diarrea

la diarrea

mal de cap

el dolor de cabeza

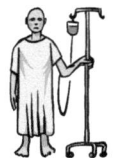

càncer

el cáncer

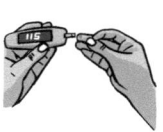

diabetis

la diabetes

cirurgià

el cirujano

escalpel

el bisturí

operació

la operación

tomografia computada (TC),
TAC

la TC

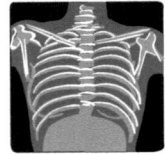

raigs x

los rayos x

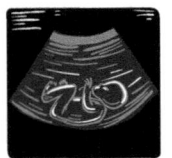

ultrasò

la ecografía

mascareta

el barbijo

malaltia

la enfermedad

sala d'espera

la sala de espera

crossa

la muleta

tireta

la curita

embenat

la venda

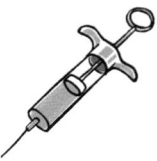

injecció

la inyección

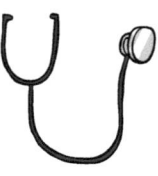

estetoscopi

el estetoscopio

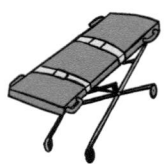

llitera

la camilla

termòmetre clínic

el termómetro

pariment

el nacimiento

sobrepès

el sobrepeso

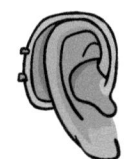

aparell auditiu

el audífono

desinfectant

el desinfectante

infecció

la infección

virus

el virus

VIH / SIDA

el VIH / SIDA

medicina

el remedio

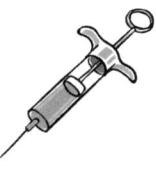

vaccí

la vacunación

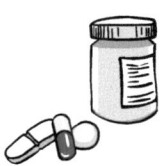

comprimits

los comprimidos

píl·lola

la pastilla anticonceptiva

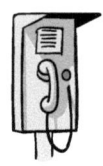

trucada d'urgència

la llamada de emergencia

tensiòmetre

el tensiómetro

malalt / sà

enfermo / sano

Socors!

¡Ayuda!

alarma

la alarma

assalt

la agresión

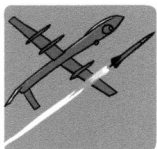

atac

el ataque

perill

el peligro

sortida-eixida d'urgència

la salida de emergencia

Foc!

¡Fuego!

extintor

el matafuego

accident

el accidente

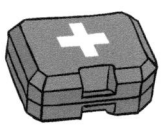

farmaciola de primers auxilis

el botiquín de primeros auxilios

SOS

el SOS

policia

la policía

Europa

Europa

Amèrica del Nord

América del Norte

Amèrica del Sud

América del Sur

Àfrica

África

Àsia

Asia

Austràlia

Australia

Atlàntic

el Atlántico

Pacífic

el Pacífico

Oceà Índic

el Océano Índico

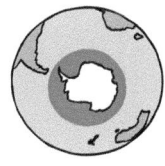

Oceà Antàrtic

el Océano Antártico

Oceà Àrtic

el Océano Ártico

pol nord

el polo norte

pol sud

el polo sur

Antàrtida

la Antártida

terra

la Tierra

país

la tierra

mar

el mar

illa

la isla

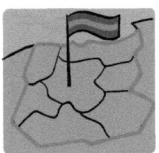

nació

la nación

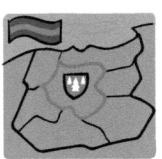

estat

el estado

quadrant
la esfera

agulla de les hores
la manecilla de las horas

agulla dels minuts
el minutero

agulla dels segons
el segundero

Quina hora és?
¿Qué hora es?

dia
el día

temps
la hora

ara
ahora

rellotge digital
el reloj digital

minut
el minuto

hora
la hora

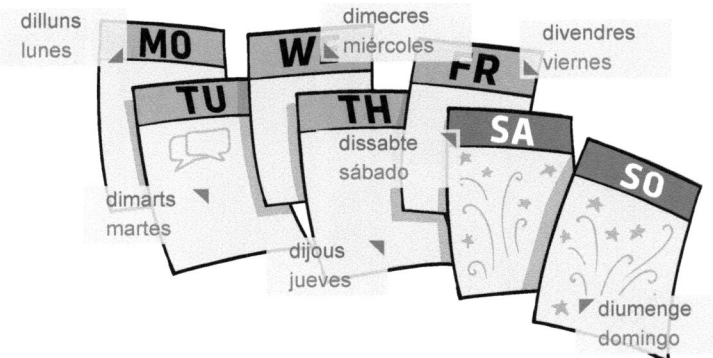

dilluns / lunes
dimecres / miércoles
divendres / viernes
dimarts / martes
dijous / jueves
dissabte / sábado
diumenge / domingo

ahir
ayer

avui
hoy

demà
mañana

matí
la mañana

migdia
el mediodía

tarda
la tarde

dia feiner
los días hábiles

cap de setmana
el fin de semana

any

el año

pluja
la lluvia
arc de Sant Martí
el arco iris
neu
la nieve
vent
el viento
primavera
la primavera
tardor
el otoño
estiu
el verano
hivern
el invierno

4.APRIL 11°
5.APRIL 4°
6.APRIL 13°
7.APRIL 8°
8.APRIL 10°

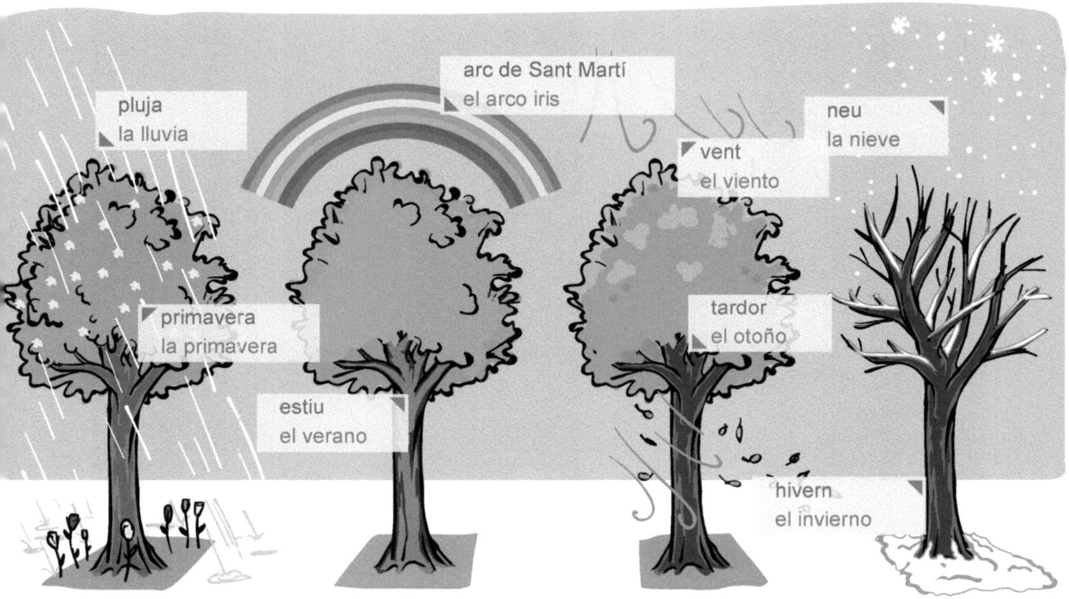

pronòstic del temps

el pronóstico meteorológico

F C
120 40
90 30
60 20
30 10
0 0
-30 -10
-20

termòmetre

el termómetro

llum del sol

la luz del sol

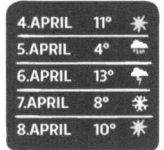

núvol

la nube

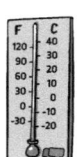

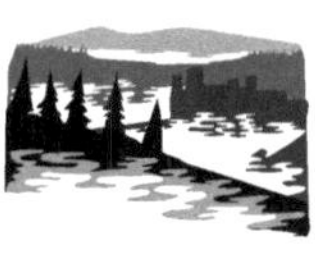

boira

la niebla

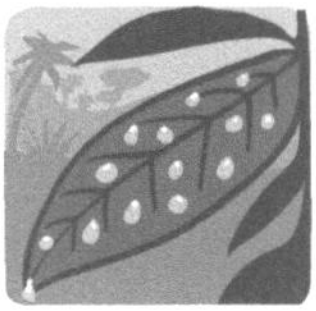

humiditat de l'aire

la humedad

llamp

el rayo

tro

el trueno

tempesta

la tormenta

calamarsa

el granizo

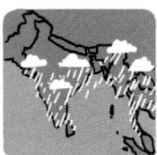

monsó

el monzón

inundació

la inundación

gel

el hielo

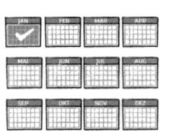

gener

enero

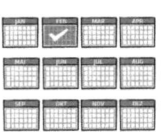

febrer

febrero

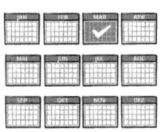

març

marzo

abril

abril

maig

mayo

juny

junio

juliol

julio

agost

agosto

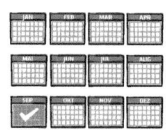

setembre
....
septiembre

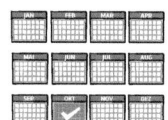

octubre
....
octubre

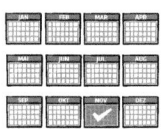

novembre
....
noviembre

desembre
....
diciembre

cercle
....
el círculo

quadrat
....
el cuadrado

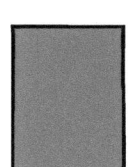

rectangle
....
el rectángulo

triangle
....
el triángulo

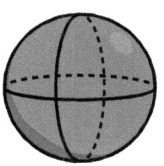

esfera
....
la esfera

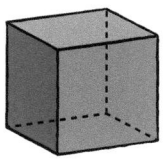

cub
....
el cubo

blanc
....
blanco

groc
....
amarillo

taronja
....
naranja

rosa
....
rosa

vermell
....
rojo

lila
....
violeta

blau
....
azul

verd
....
verde

marró
....
marrón

gris
....
gris

negre
....
negro

molt / poc

mucho / poco

emprenyat / tranquil

enojado / tranquilo

bonic / lleig

lindo / feo

començament / fi

el principio / el fin

gran / petit

grande / chico

clar / fosc

claro / oscuro

germà / germana

el hermano / la hermana

net / brut

limpio / sucio

complet / incomplet

completo / incompleto

dia / nit

el día / la noche

mort / viu

muerto / vivo

ample / estret

ancho / angosto

comestible / immenjable

comestible / no comestible

dolent / amable

malo / amable

entusiasmat / entediat

entusiasmado / aburrido

gros / prim

gordo / flaco

primer / darrer

primero / último

amic / enemic

el amigo / el enemigo

ple / buit

lleno / vacío

dur / tou

duro / blando

pesant / lleuger

pesado / liviano

gana / set

el hambre / la sed

malalt / sà

enfermo / sano

il·legal / legal

ilegal / legal

intel·ligent / ximple

inteligente / estúpido

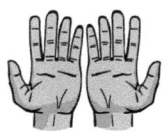

esquerra / dreta

izquierda / derecha

prop / llunyà

cerca / lejos

nou / usat

nuevo / usado

res / quelcom

nada / algo

vell / jove

viejo / joven

encès / apagat

encendido / apagado

obert / tancat

abierto / cerrado

silenciós / sorollós

silencioso / ruidoso

ric / pobre

rico / pobre

correcte / incorrecte

correcto / incorrecto

aspre / suau

áspero / suave

trist / content

triste / contento

curt / llarg

corto / largo

lent / ràpid

lento / rápido

humit / sec - eixut

mojado / seco

calent / fred

caliente / frío

guerra / pau

guerra / paz

0

zero

cero

1

u

uno

2

dos

dos

3

tres

tres

4

quatre

cuatro

5

cinc

cinco

6

sis

seis

7

set

siete

8

vuit

ocho

9

nou

nueve

10

deu

diez

11

onze

once

12

dotze

doce

13

tretze

trece

14

catorze

catorce

15

quinze

quince

16

setze

dieciséis

17

disset

diecisiete

18

divuit

dieciocho

19

dinou

diecinueve

20

vint

veinte

100

cent

cien

1.000

mil

mil

1.000.000

milió

el millón

anglès
el inglés

anglès americà
el inglés americano

xinès mandarí
el chino mandarín

hindi
el hindi

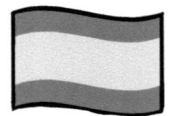

espanyol
el español

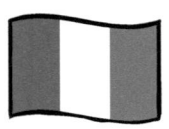

francès
el francés

àrab
el árabe

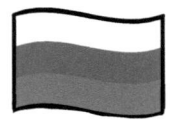

rus
el ruso

portuguès
el portugués

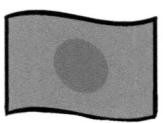

bengalí
el bengalí

alemany
el alemán

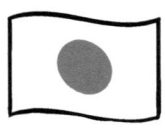

japonès
el japonés

jo

yo

tu

vos

ell / ella / allò

él / ella

nosaltres

nosotros

vosaltres

ustedes

ells

ellos

qui?

¿quién?

què?

¿qué?

com?

¿cómo?

on?

¿dónde?

quan?

¿cuándo?

nom

el nombre

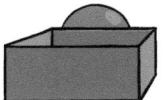

darrere

detrás

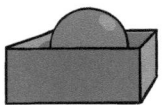

en

en

davant de

adelante de

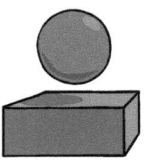

damunt

por encima de

sobre

sobre

sota

debajo de

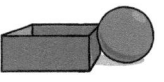

al costat

al lado de

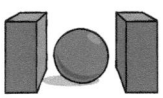

entre

entre

lloc

el lugar